GARFIELD et ses amis

PAR JIM DAVIS

DISTRIBUTEURS EXCLUSIFS :

° POUR LE CANADA ET LES ÉTATS-UNIS :
Les Messageries ADP
955, rue Amherst
Montréal, Québec
H2L 3K4
Tél.: (514) 523-1182
Télécopieur: (514) 939-0406

° POUR LA SUISSE
Transat S.A.
Route des Jeunes, 4 Ter
C.P. 1210
1211 Genève 26
Tél.: (41-22) 342-7740
Télécopieur: (41-22) 343-4646

° POUR LA FRANCE ET LES AUTRES PAYS :
Dilisco Diffusion
122, rue Marcel Hartmann
94200 Ivry-sur-Seine
Tél.: 49.59.50.50
Télécopieur: 46.71.05.06

° POUR LA BELGIQUE ET LE LUXEMBOURG :
Vander S.A.
Avenue des Volontaires, 321
B-1150 Bruxelles
Tél.: (02) 762-9804
Télécopieur: (02) 762-0662

JIM DAVIS

GARFIELD

et ses amis

TRADUIT DE L'AMÉRICAIN PAR
JEAN-ROBERT SAUCYER

Publié par:
Presses Aventure, une division de
Les Publications Modus Vivendi Inc.
C.P. 213, Dépôt Sainte-Dorothée
Laval (Québec)
Canada
H7X 2T4

Traduction: Jean-Robert Saucyer
Infographie: Modus Vivendi

Dépôt légal: 3ième trimestre 1996
Bibliothèque nationale du Québec
Bibliothèque nationale du Canada
Bibliothèque nationale de Paris

ISBN: 2-922148-02-5

PALMARÈS DES 10 MEILLEURES RAISONS DE PRÉFÉRER LE CHAT AU CHIEN

10) LA BAVE DE CHIEN

9) UN CHAT NE CULTIVE AUCUN INTÉRÊT ENVERS VOS MOLLETS

8) ÉCRASER LA QUEUE D'UN CHAT FAIT DÉTALER LES CAMBRIOLEURS

7) L'HALEINE DE SON CHIEN PEUT-ÊTRE MORTELLE

6) UN CHAT FAIT TOUJOURS LE PLEIN D'ESSENCE AVANT DE VOUS RENDRE VOTRE BAGNOLE

5) GRÂCE AU CHAT, VOTRE JARDIN SERA SOUSTRAIT AUX RENGAINES INSUPPORTABLES DU MERLE CHANTEUR

4) UN CHAT NE VOUS ENTRAÎNE PAS EN PLEIN BLIZZARD SIMPLEMENT POUR LEVER LA PATTE SUR UN TRONC D'ARBRE

3) AVEZ-VOUS DÉJÀ VISIONNÉ "CUJO"?

2) UN CHIEN APPORTE LE JOURNAL, FAIT DES ROULADES, FAIT LE BEAU ET QUÉMANDE; UN CHAT DIRIGE, ÉQUILIBRE LE BUDGET ET ADMINISTRE LA RESPIRATION ARTIFICIELLE

1) GARFIELD, ODIE. TERMINÉ!

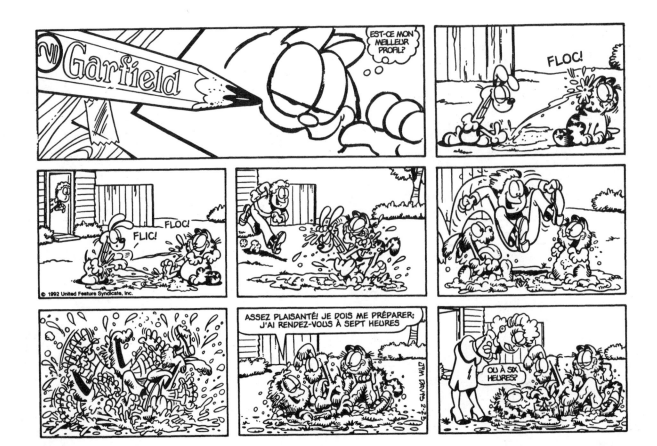

JON DEVRAIT PLUTÔT PRÉPARER MON PETIT-DÉJEUNER

Z

MAIS IL A DU MAL À OUVRIR L'ŒIL

Z

C'EST POURQUOI DIEU CRÉA LES BALLONS GONFLÉS D'EAU!

Z

PAF!

J'AI INVENTÉ LA TAPETTE À CHIENS!

AVEC L'AIDE DE MON LOYAL ASSISTANT!

JE SERAIS CURIEUX DE SAVOIR SI LES AUTRES ANIMAUX ONT DES SAUTES D'HUMEUR AUSSI MARQUÉES?

GRRRR GRRRR

JIM DAVIS 2-26

© 1992 United Feature Syndicate, Inc

ON PRÉTEND QUE LES CHIENS SAVENT FAIRE DES TOURS ET LES CHATS, PAS

COMME SI C'ÉTAIT UNE RAISON D'ÊTRE FIER!

1992 United Feature Syndicate, Inc

JIM DAVIS 2-27

J'AI UNE SURPRISE POUR TOI, GARFIELD. VOICI UN INDICE!

MEU! MEEUU! COIN COIN! COCORICO! MEUEUEUEU!

NOUS PARTONS À LA FERME!

JE CROYAIS QU'UNE FILLE LUI AVAIT DIT OUI

JIM DAVIS 3-2

ALLEZ, GARFIELD! IL FAUT CHARGER L'AUTO

FAIS VITE!

SOIS RÉALISTE!

JE NE FAIS RIEN VITE, À PART M'ENDORMIR!

JIM DAVIS 3-3

LA PROCHAINE FOIS, TU MONTES DANS LE COFFRE!

BELLE JOURNÉE À LA CAMPAGNE, HEIN GARFIELD?

JE SUIS À L'AGONIE!

LE SOLEIL ET LE GAZOUILLIS DES OISEAUX...

MA FIN APPROCHE!

QUE C'EST BEAU, LA VIE!

JE N'AURAIS PAS DÛ MANGER CETTE GRENOUILLE

PROUF!

LES SPAGHETTIS, S'IL VOUS PLAÎT, IRMA.

DANS UNE ASSIETTE?

BIEN SÛR QUE SI!

EXCUSEZ-MOI! PARDON! MONSIEUR BCBG.

EST-CE TROP EXIGER QU'UN MINIMUM DE CIVILITÉS? JE NE SUIS PAS UN CHIEN, VOUS SAVEZ!

UNE PETITE TRANCHE DE VIE POUR MOI, MERCI!

CROC! CROC! CROC!

GLOU! GLOU! GLOU!

DING!

PETIT-DÉJEUNER TERMINÉ! DÉJEUNER À PRÉSENT!

HAN!
HAN!
HAN!

HAN!
HAN!
HAN!

HAN!
HAN!
HAN!

MERCI POUR LE SAUNA TURC, HALEINE-DE-CHIEN!

CHACUN AFFRONTE LA DÉPRESSION À SA FAÇON

CERTAINS PLEURENT, D'AUTRES ONT LES IDÉES NOIRES...

D'AUTRES NOUENT LES LACETS DE SOULIERS!

CRASH!

© 1992 United Feature Syndicate, Inc.

©M DAVIS 3-27

JE NE NOUERAI PLUS LES LACETS DE JON

CA N'EST PLUS DRÔLE

© 1992 United Feature Syndicate, Inc.

JIM DAVIS 3-28

TU TE CROIS DRÔLE?

JE ME TRACE DE NOUVELLES FRONTIÈRES

JIM DAVIS 3-29

© 1992 United Feature Syndicate, Inc.

GLOU

POIT!

SPRING!

HURRRK

FWEEEEP

TWOOOOT

HARRRRRMPH

OUF!

GLOU

JIM DAVIS 4-12

JE PENSE QUE JON EST FÂCHÉ CONTRE MOI

IL SAIT POURTANT QU'IL NE FAUT PAS ME RÉVEILLER TROP TÔT!

WOÙ SONT WES LÈWRES?

SOUS LE SOFA, JE CROIS!

© 1992 United Feature Syndicate, Inc.

JIM DAVIS 4-13

Z

JIM DAVIS 4-14

YAW

YAW

TROP BÂILLÉ!

JIM DAVIS 4·15

JIM DAVIS 4·16

J'ADORE AIDER JON À NETTOYER LE FRIGO!

NOUS INVENTONS DE NOUVEAUX SANDWICHS

À PRÉSENT, SI JE TARTINE LA CONFITURE SUR LES CORNICHONS, LES PETITS POIS RESTERONT EN PLACE...

UN BEIGNE EN CAVALE!

IL N'AVAIT AUCUNE CHANCE

GLOU!

JIM DAVIS 4-20

C'EST L'HEURE DE NOURRIR GARFIELD!

C'EST L'HEURE DE MANGER!

ENCORE EN RETARD!

ZÉRO POUR LA SYNCHRO!

JIM DAVIS 4-21

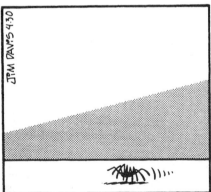

C'EST L'HEURE DE MON NUMÉRO DU CHATON ADORABLE...

FAIS-MOI SIGNE QUAND TU EN AURAS ASSEZ!

Une dépêche nous parvient à l'instant!

King Kong grimpe à la paroi de l'Empire State Building!

Semble-t-il qu'il ne pouvait pénétrer dans l'ascenseur! Ah! ah!

ÇA M'EST ARRIVÉ!

LES CHATS SONT VANITEUX!

GARFIELD SE POMPONNE DEPUIS CE MATIN

ÇA VA?

CES BIGOUDIS ME FONT MOURIR!

© 1992 United Feature Syndicate, Inc.

JIM DAVIS 5-15

UNE BÊTE FAUVE SOMMEILLE EN CHAQUE CHAT DOMESTIQUE

TU FERAIS MIEUX DE ME CRAINDRE!

SI TU ME CHERCHES, JE JOUE AVEC MON OURSON DE PELUCHE!

© 1992 United Feature Syndicate, Inc.

JIM DAVIS 5-16

Garfield

RÉVEILLE-TOI, JON!

VOUS NE M'AUREZ JAMAIS VIVANT!

UN PEU DE PARANOÏA AVEC TES CÉRÉALES, JON?

QUELQU'UN A MANGÉ MA PART DE GÂTEAU

COMBIEN DE SUSPECTS, SHERLOCK?

LE POTAGE EST TROP FROID

MAIS JE NE PLEURERAIS PAS POUR SI PEU!

DES EXPLORATEURS PERDUS, SANS VIVRES DEPUIS DES SEMAINES, EN SONT VENUS AU CANNIBALISME

ÉLOIGNE-TOI DE MOI!

T'AS QU'À EMPLIR MA GAMELLE!

IL TE FAUT TÉMOIGNER PLUS D'ENTHOUSIASME, GARFIELD!

PERSONNE NE PEUT ÉGALER GARFIELD AU CHAPITRE DE LA FAINÉANTISE!

IL SE GOURE S'IL ATTEND UNE RÉACTION...

JIM DAVIS 6-10

JIM DAVIS 6-11

QUE DIRAIS-TU D'ÊTRE UN OURS, GARFIELD? CHAQUE HIVER, TU POURRAIS DORMIR PENDANT QUATRE MOIS

NE SOIS PAS RIDICULE!

FAUT DIRE QUE CE SERAIT UNE RÉGRESSION, N'EST-CE PAS?

Z

L'ACTE DE MANGER PEUT SEMBLER PUREMENT ALIMENTAIRE...

GARFIELD

MAIS C'EST PLUS QUE CELA!

ARFIELD

C'EST UN ACTE PRÉPARATOIRE AU SOMMEIL!

JE SUIS UN SIMPLE CHAT...

QUI NE VEUT RIEN D'EXTRAVAGANT POUR SON ANNIVERSAIRE

QU'UN GÂTEAU TOUT SIMPLE!

© 1992 United Feature Syndicate, Inc.

DEUX ÉTAGES, GLACÉ AUX FRAISES

POOF

AVEC UNE CERISE DESSUS!

PTING!

RIEN D'AUTRE...

QU'UN GÂTEAU TOUT SIMPLE!

JIM DAVIS 6-14

VOUS ARRIVE-T-IL PARFOIS DE VOUS DEMANDER DE QUEL CÔTÉ DU MIROIR VOUS ÊTES?

EUF!

JIM DAVIS 6-21

VOILÀ!

JE PEUX PRÉDIRE QUE JON PART POUR LE WEEK-END!

VOYEZ LE VISAGE RADIEUX DE JON QUAND JE FAIS MON ENTRÉE!

BON D'ACCORD, J'AI MAL CHOISI MES MOTS!

© 1992 United Feature Syndicate, Inc.

JIM DAVIS 6-28

CE LIVRE DIT QUE LES CHATS SONT DES BÊTES MINCES ET SVELTES...

QUE T'EST-IL ARRIVÉ?

JE NE SAIS PAS LIRE!

© 1992 United Feature Syndicate, Inc.

JIM DAVIS 7-3

POURQUOI NE MIAULES-TU PAS?

QUESTION IDIOTE!

© 1992 United Feature Syndicate, Inc.

LES AUTRES CHATS MIAULENT

ILS ONT PERDU LEUR DIGNITÉ

ALLEZ, FAIS MIAOU POUR MOI!

D'ABORD, TU FAIS GOU-GOU GA-GA POUR MOI!

JIM DAVIS 7-4

ODIE, ASSURONS-NOUS DE N'AVOIR RIEN OUBLIÉ...

ESCALOPE DE DINDE, GOMME À MÂCHER, ÉPOUSSETTE EN PLUMES

OUAH OUAH OUAH

... FOIE CRU, BANDES ÉLASTIQUES, RUBAN GOMMÉ...

OUAH... OUAH...

... NAPHTALINE, UN CLOU DE 20 CM ET UNE TRUITE BIEN VIVANTE

OUAH OUAH OUAH

TOUT Y EST! ALLONS-Y!

JE VOUS EXPLIQUERAIS, MAIS C'EST ASSEZ TECHNIQUE...

OOOOOH! BON! D'ACCORD! JE ME LÈVE!

JIM DAVIS 7-12

VOUS AVEZ PRIS DU POIDS, MAIS QUI N'EN PREND PAS?

CES NOUVELLES BALANCES PARLANTES AVEC SYMPATHIE INTÉGRÉE SONT VRAIMENT CHOUETTES!

JIM DAVIS 7-17

LES PILES SONT MORTES. IL FAUDRA ATTENDRE UN AUTRE JOUR POUR TE PESER

OUF! QUEL SOULAGEMENT

OUF! QUEL SOULAGEMENT

JIM DAVIS 7-18

HEUREUX DE SIGNALER QUE JE N'AI PRIS QU'UN KILO!

POUR GARFIELD, LE BUT N'EST PAS DE MAIGRIR, MAIS D'ENGRAISSER MOINS VITE!

JPM DAV9S 7-24

VOICI UN TEST POUR PERSONNES AU RÉGIME, GARFIELD

JPM DAV9S 7-25

DÉNONCERIEZ-VOUS VOTRE MEILLEUR AMI EN ÉCHANGE DE CHOUX À LA CRÈME?

JE TE VISITERAI LES WEEK-ENDS

JE CROIS CONNAÎTRE LA RÉPONSE!

DEBOUT! DEBOUT! DEBOUT!

ÇA NE TOURNE PAS ROND DANS TA TÊTE

ALLEZ! NE FAIS PAS L'ENDORMI...

© 1992 United Feature Syndicate, Inc.

AH! LA NATURE...

© 1992 United Feature Syndicate, Inc.

'FAUDRAIT PASSER L'ASPIRATEUR!

© 1992 United Feature Syndicate, Inc.

BOUM!

CLIC
CLIC
CLIC

CHAQUE FOIS, L'ÉTONNEMENT EST RENOUVELÉ!

BIZARRE DE GOÛT!

AVEC UN PEU D'EAU, ÇA GÉNÈRE SA PROPRE SAUCE

JE SUIS SI TERNE QUE J'EN DEVIENS INVISIBLE...

QUI A PARLÉ?

Garfield

JIM DAVIS 8-23

TU ÉCRASES MON PIED!

ON EST PLUTÔT IMBU DE SOI-MÊME, AUJOURD'HUI, NON?

JE REGARDE LA TÉLÉ AVEC UN CHAT.

SAMEDI SOIR!

JE REGARDE LA TÉLÉ AVEC UN CHAT!

LA TRISTE RÉALITÉ MONTRE TOUTE SA LAIDEUR!

JE REGARDE LA TÉLÉ AVEC UN CHAT!!

ZUT! J'AI OUVERT L'ŒIL AVANT QUE SONNE LE RÉVEIL.

FRUSTRANT... JE DEVRAIS ME LEVER ET...

MAIS J'AI QUELQUES MINUTES E...N...C...O...R...E...

JIM DAVIS 8-30

10 ANDRÉ L'AMIBE

TA MÈRE PORTE DES PSEUDOPODES DÉMODÉS!

9 LES ENRAGÉS CHRONIQUES

8 URGEL URTICAIRE

TCHIC! TCHIC!

TCHIC! TCHIC!

7 LUC LA LANGOUSTE

6 LE CACHALOT JOYEUX

Dix personnages auxquels Jim Davis a songé avant de créer Garfield

5 J.M. KEYNES, JEUNE ÉCONOMISTE

4 LE CITOYEN MOBILE

3 MILTON, LE HAMSTER INCONTINENT

2 DOCTEUR MOUCHERON, GYNÉCOLOGUE

1 GARFIELD LE GRILLE-PAIN